Bring deine Zeit zum Blühen

Bring deine Zeit zum Blühen

Worte, die glücklich machen

HERDER

FREIBURG · BASEL · WIEN

Herausgegeben von German Neundorfer

Joseph von Eichendorff

Thomas Frings

Anselm Grün

Georg Christoph Lichtenberg

Gottfried Keller

Lorenz Marti

Susanne Niemeyer

Wolfgang Öxler

Rainer Maria Rilke

Anna Ritter

Nina Ruge

Arthur Schopenhauer

Andrea Schwarz

Kurt Tucholsky

Rudolf Walter

Beatrice von Weizsäcker

Martin Werlen

Teresa Zukic

Vorwort

Schon der Kirchenvater Augustinus wusste von der merkwürdigen Beschaffenheit der Zeit. In seinen Bekenntnissen schreibt er: »Was ist also die Zeit? Wenn mich niemand danach fragt, so weiß ich es; wenn ich es aber jemandem auf seine Frage erklären möchte, so weiß ich es nicht. Das jedoch kann ich zuversichtlich sagen: Ich weiß, dass es keine vergangene Zeit gäbe, wenn nichts vorüberginge, keine zukünftige, wenn nichts da wäre. Wie sind nun aber jene beiden Zeiten, die Vergangenheit und die Zukunft, da ja doch die Vergangenheit nicht mehr ist, und die Zukunft noch nicht ist?« Was also ist Zeit? So gegenwärtig sie uns in jedem Moment unsres Lebens erscheint, so wenig greifbar ist sie. An manchen Tagen entrinnt sie uns, an anderen erscheint sie uns unendlich lang. Wir können sie messen, aber nachdem wir sie gemessen haben und glauben, ihrer damit habhaft geworden zu sein, ist sie schon verflogen.

Wir können sie nicht sehen, nicht hören, nicht riechen. Und doch begleitet sie uns jeden Augenblick. So wenig die Zeit auch zu fassen ist: Wir haben die Möglichkeit, sie zu gestalten. Wir können, wenn es glückt, unsere Zeit zum Blühen bringen. Wobei wir nie vergessen sollten: Sie ist uns geschenkt. Was wir mit diesem Geschenk anfangen, ob wir es achtlos beiseitelegen oder uns darüber freuen, liegt bei uns. Wir sollten aber immer daran denken, dass wir dieses Geschenk nur einmal erhalten.

Und so möchte Sie, liebe Leserin und lieber Leser, dieses Buch für einige Augenblicke begleiten durch verschiedene Zeiten Ihres Lebens. Von Zeiten des Aufbruchs wird erzählt, von Zeiten des Feierns und des Glücks und von Zeiten, die erfüllt sind von Musik. Wahrscheinlich werden wir nie wissen, was Zeit wirklich ist, aber es liegt in unserer Hand, sie zum Blühen zu bringen.

German Neundorfer

Inhalt

»Wir ziehen durch sie hin ...« – Von der Zeit und der Kraft des Augenblicks

»Dann wird es werden wie ein Fest« – Von der Kunst des Feierns

»Schläft ein Lied in allen Dingen« – Vom Zauber der Musik

»Ich lieb ein pulsierendes Leben« – Vom Glück der Lebenslust

Anhang

**»Wartest du
auch auf das
blühende Leben ...?«**

*Von der Sehnsucht
und vom
Aufbrechen*

Über den Feldern ein warmer Hauch,
Schwellende Knospen am Dornenstrauch,
Ungeduldige Wölkchen schweben
Über mir hin, und fern im Land,
Wo die Berge ihr Haupt erheben,
Aus dem feinen, bläulichen Rauch -
Winkt eine Hand:
Wartest du auch?
Wartest du auch auf das blühende Leben ...? –

Anna Ritter

Entscheide dich

Susanne Niemeyer

Lieber Nutzer, liebe Nutzerin, herzlichen Glückwunsch zu Ihrem Leben. Es hat Sie ausgewählt. Damit Sie größtmögliche Freude daran haben, möchten wir Ihnen einige Hinweise mit auf den Weg geben. Bitte beachten Sie, dass täglich etwa zwei- bis fünfhundert Entscheidungen auf Sie zukommen. Welche Hose Sie tragen, ob Sie Schokoladen- oder Zitroneneis möchten, welchen Beruf Sie wählen, ob Sie eine Liebe erwidern, in ein Hochhaus, ein Kloster oder unter eine Brücke ziehen.

Viele von Ihnen werden sie intuitiv treffen. Dennoch wissen wir aus Erfahrung, dass einige unserer Nutzerinnen und Nutzer sich mit den restlichen Entscheidungen schwertun. Zum Beispiel, weil sie ihr Leben lang auf das Bessere warten. Sie sitzen es aus und lassen für sich entscheiden: die Zeit, die Mitmenschen, die Umstände. Wir raten davon ab. Sie belasten nur sich selbst und andere.

Möglicherweise gehören Sie auch zu der Gruppe von Menschen, die niemanden vor den Kopf stoßen wollen. Sie möchten es allen recht machen. Wir versichern Ihnen hiermit: Das ist nicht möglich, und möchten Ihnen die ausdrückliche Erlaubnis geben, mit einzelnen Entscheidungen andere zu enttäuschen und zu verärgern. Sie sind nicht dazu auf der Welt, andere nicht zu enttäuschen. (Weiteres dazu siehe unten.)

Im Vorfeld einer Entscheidung bitten wir Sie, drei Dinge zu beachten:

a) Treffen Sie keine lebensrelevanten Entscheidungen, wenn Sie in schlechter Verfassung sind, also: in großer Trauer, hoher Belastung oder ohnmächtiger Wut. Sie werden mit hoher Wahrscheinlichkeit nicht in der Lage sein, Ihre inneren Stimmen gegeneinander abzuwägen. Machen Sie es wie bei einem Gewitter: Üben Sie sich in Geduld, bis es vorüber ist.

b) Nehmen Sie sich Zeit. Sie werden mit dem Ergebnis möglicherweise lange leben. Schalten Sie den Fernseher ab, machen Sie Feierabend, suchen

Sie sich einen ruhigen Ort. Sammeln Sie Ihre inneren Stimmen. Sie werden sich höchstwahrscheinlich widersprechen. Notieren Sie sie, um die Übersicht zu behalten. Gottes Stimme ist dabei. Sie ist in der Regel leise und ohne Zwang. Sie erkennen sie daran, dass sie dauerhaft zu tiefer Freude, Frieden, Liebe oder Freiheit führt. Bitte beachten Sie die Nuance »dauerhaft«. Ziehen Sie die Entscheidung vor, die nicht nur Ihnen Freude, Frieden, Liebe oder Freiheit bringt, sondern auch möglichst vielen Ihrer Mitmenschen.

c) Wir möchten Ihnen als unterstützende Lektüre die vier Evangelien an die Hand geben. Sie können Ihre Entscheidungen auch mit der einfachen Frage überprüfen: Was würde Jesus tun?

Falls Sie etwas Übung auf diesem Gebiet brauchen, empfehlen wir Ihnen einen wöchentlichen Entscheidungstag, an dem nur Ja oder Nein, schwarz oder weiß, Tee oder Kaffee gilt. Aufschieben, delegieren, ignorieren ist nicht zulässig. Besonders für Alltagsentscheidungen, die keine wesentlichen Folgen

nach sich ziehen, empfiehlt sich auch die Drei-Se-
kunden-Regel. So lange haben Sie Zeit, am Eisstand
Schokolade oder Zitrone zu sagen.
Sollten Sie überdies noch Fragen haben, wenden Sie
sich bitte vertrauensvoll an uns. Wir wünschen Ihnen
viel Freude mit Ihrem Leben. Es liegt in Ihrer Hand.
Ihr Schöpfungsteam (Vater, Sohn & Heiliger Geist)

Der Engel des Aufbruchs

Anselm Grün

Es ist eine Ursehnsucht im Menschen, sich einmal gemütlich niederzulassen und sich für immer einzurichten, einmal geborgen und daheim zu sein. Wo es dem Menschen gefällt, dort möchte er seine Zelte aufschlagen und immer dort bleiben. Aber zugleich weiß er auch, dass er sich hier in dieser Welt nicht für immer einrichten kann. Er muss sich ständig von Neuem auf den Weg machen. Er muss immer wieder aufbrechen. Er muss die Lager, die er aufgebaut und in denen er sich wohnlich eingerichtet hat, abbrechen, um auf seinem Weg weiterzukommen. Aufbruch setzt einen Abbruch voraus. Altes muss abgebrochen werden. Es kann nicht immer so weitergehen. Ich kann nicht immer dort bleiben, wo ich gerade bin.

Solange wir auf dem Weg sind, müssen wir immer wieder unsere Zelte abbrechen, um in neues Land aufzubrechen. Jeder Aufbruch macht zuerst einmal

Angst. Denn Altes, Vertrautes muss abgebrochen werden. Und während ich abbreche, weiß ich noch nicht, was auf mich zukommt. Das Unbekannte erzeugt in mir ein Gefühl von Angst. Zugleich steckt im Aufbruch eine Verheißung, die Verheißung von etwas Neuem, nie Dagewesenem, nie Gesehenem. Wer nicht immer wieder aufbricht, dessen Leben erstarrt. Was sich nicht wandelt, wird alt und stickig. Neue Lebensmöglichkeiten wollen in uns aufbrechen. Sie können es aber nur, wenn alte Muster abgebrochen werden.

Wir wollen uns dort niederlassen, wo uns etwas anspricht und im Herzen berührt. Die Jünger auf dem Berg Tabor möchten am liebsten drei Hütten bauen, um sich für immer in der beglückenden Erfahrung der Verklärung niederzulassen. Aber Jesus geht darauf nicht ein. Schon im nächsten Augenblick wird das Taborlicht von einer dunklen Wolke abgelöst. Sie können die Erfahrung nicht festhalten, sie müssen wieder aufbrechen, sich auf den Weg ins Tal machen. Dort werden sie die Klarheit des Berges vermissen. Jede tiefe religiöse Erfahrung möchte uns dazu verführen, uns für immer einzurichten, uns an etwas festzuklammern, was wir nicht festhalten können. Gott lässt sich nicht festhalten. Er ist wesentlich der Gott des Exodus, des Aufbruchs, der Gott, der uns immer wieder ermahnt, aufzubrechen. Zu Mose spricht Er: »Was schreist du zu mir? Sag den Israeliten, sie sollen aufbrechen« (Ex 14,15). Die Israeliten haben Angst vor dem Aufbruch. Sie fühlen sich in Ägypten zwar unterdrückt und unfrei, aber sie haben sich arrangiert mit der Fremdherrschaft. Zumindest waren ihre Fleischtöpfe voll. Sie möchten ausziehen, aber zugleich haben sie Angst vor dem Aufbruch. In dieser Ambivalenz erfahren wir uns immer wieder. Wir sind nicht zufrieden mit dem, was wir gerade leben. Aber zugleich haben wir Angst, aufzubrechen, das Vertraute abzubrechen und einen inneren und äußeren Umbruch zu wagen. Aber das Leben werden wir nur erfahren, wenn wir bereit sind, uns immer wieder auf den Weg zu machen. Da brauchen wir wie die Israeliten einen Engel, der uns Mut macht zum Aufbruch, der seinen Stab über das Rote Meer unserer Angst hält, damit wir vertrauensvoll und sicher durch die Fluten unseres Lebens schreiten können.

Heute hat es der Engel des Aufbruchs besonders schwer. Die Grundstimmung unserer Zeit ist nicht die des Aufbruchs wie etwa in den Sechzigerjahren, als durch das Konzil zuerst in der Kirche und dann durch die Studentenrevolte in der Gesellschaft eine starke Aufbruchsstimmung herrschte. Heute ist es eher die Grundstimmung der Resignation, des Selbstmitleids, der Depressivität, der Wehleidigkeit. Man bedauert sich lieber, dass alles so schwierig sei und dass man halt nichts machen könne.

So haben wir gerade heute den Engel des Aufbruchs nötig, der uns Hoffnung schenkt für unsere Zeit, der uns aufbrechen lässt zu neuen Ufern, der uns den Aufbruch wagen lässt, damit neue Möglichkeiten des Miteinanders, ein neuer Umgang mit der Schöpfung und neue Fantasie in der Politik und Wirtschaft aufblühen können. Und dazu gehört auch, dass du selber festgefügte Vorstellungen und erstarrte Bilder aufbrichst. Das Aufsprengen von inneren Blockaden, die Öffnung von Verschlossenheit, das Aufgeben von alten Gewohnheiten und Besitzständen: Das alles eröffnet uns die Möglichkeit, zu neuen Lebensweisen und Lebensabschnitten aufzubrechen.

Oftmals wirst du zögern, weil du nicht weißt, wohin der Weg dich führen wird. Dann mag wohl der Engel des Aufbruchs dir zur Seite stehen und dir Mut für deinen eigenen Weg zusprechen:

Denn Engel wohnen nebenan,
Wohin wir immer zieh'n –

Emily Dickinson

Sehnsucht nach der Sehnsucht

Beatrice von Weizsäcker

Ich sehne mich nach viel mehr. Es ist ein Sehnen nach dem Wesentlichen, dem Unbegreiflichen, dem Unermesslichen. Es ist ein Sehnen nach dem, auf das es ankommt, und dem, auf den es ankommt. Es ist ein Sehnen nach Geborgenheit und Halt, nach Zuversicht und Sicherheit. Es ist das Sehnen, beten zu können, und nach einem festen Glauben. Es ist die Sehnsucht nach Gott.

Sie ist da, ob ich will oder nicht. Dagegen bin ich machtlos. Manchmal kommt sie überraschend, vermeintlich ohne Grund. Manchmal will ich sie nicht haben, doch das schert die Sehnsucht nicht. Aufmüpfig ist sie. Eigen-willig ist sie, als habe sie einen eigenen Willen und führe ein eigenes Leben. Eines, das trotzdem zu mir gehört.

Manchmal merke ich nichts von ihr. Und manchmal sehne ich mich nach ihr. Ja, selbst das. Es gibt Zeiten, da sehne ich mich nach der Sehnsucht.

Ich kenne eine Geschichte über die Sehnsucht nach der Sehnsucht, die mir gut gefällt. Die geht so:

Ein junger Jude geht zu einem Rabbi und sagt: »Ich möchte gerne dein Jünger werden.« Der Rabbi antwortet: »Das kannst du, aber zuerst musst du mir eine Frage beantworten: Liebst du Gott?« Der Schüler überlegt kurz. »Lieben? Das kann ich eigentlich nicht behaupten.« Worauf der Rabbi sagt: »Wenn du Gott nicht liebst, hast du vielleicht Sehnsucht danach, ihn zu lieben?« Der Schüler überlegt wieder. »Manchmal spüre ich die Sehnsucht recht deutlich, Gott zu lieben. Aber meistens geht meine Sehnsucht im Alltag unter.« Der Rabbi zögert erst, dann sagt er: »Wenn du die Sehnsucht, Gott zu lieben, nicht so deutlich spürst, hast du dann Sehnsucht danach, Sehnsucht zu haben?« Da hellt sich das Gesicht des Schülers auf: »Genau das habe ich. Ich sehne mich danach, Sehnsucht zu haben, Gott zu lieben.« Zufrieden sagt der Rabbi: »Das genügt, du bist auf dem rechten Weg.«

Ich mag die Geschichte, weil sie so erleichternd ist. Es genügt, wenn ich mich danach sehne, Sehnsucht zu haben. Denn so geht es mir oft.

Ohne schweres Gepäck

Nina Ruge

Wo führt der Weg uns hin? Niemand weiß es, mancher ahnt es. Einige lassen sich leiten von einem Traum, von einer Vision, doch ohne spezielle Heilserwartung. *Unsere Wünsche sind Vorgefühle der Fähigkeiten, die in uns liegen, Vorboten desjenigen, was wir zu leisten imstande sein werden ... Wir fühlen eine Sehnsucht nach dem, was wir schon im Stillen besitzen.* Goethes Weisheit kommt mir in den Kopf, wenn ich durch diese Pergola gehe. Uralte Steine fügen sich zu einem alles andere als bequemen Weg. Aber üppige Ranken von Kiwi und Glyzinien behüten mich und meine Gedanken. Das Tor am Ende ist halb offen. Es lädt mich ein, ins Ungewisse zu gehen, meinen *Vorgefühlen* folgend. *Wenn ich gesprungen bin, habe ich den Ort der Landung längst geträumt.* Auch das ist ein Leitsatz, der mich auf meinem Weg anfliegt.

Was kann das für mich bedeuten, ganz konkret? Dazu habe ich eine Meditation ersonnen. Mit ihr möchte ich mich meiner Sehnsucht nähern. Ich frage mich: Wovon träume ich im tiefsten Innern? Ist es ein Lebensgefühl – von Frieden und Freiheit vielleicht oder von der Kraft der Liebe? Ist es ein Aufbruch in einen neuen Job oder ein Talent, das ich entwickeln, dem ich Raum geben möchte?

Wenn ich einen Wunsch habe, eine Ahnung davon, schaffe ich mir eine Vision und stelle mir vor, was mich dabei leiten, was mich ziehen könnte. Ich nehme es spielerisch, suche weder Eingebung noch Offenbarung – ich lasse einfach nur Gefühle und Bilder entstehen und beobachte mich dabei. Bei manchem fühle ich mich besonders gut, besonders lebendig. Das speichere ich für mich, schreibe es auf, spreche eine Notiz auf mein Handy.

Und wenn ich dann zurückkehre in meinen Alltagszustand, dann wird mir klar, was das Wichtigste ist, um wachsen zu können: das Loslassen. Das Seinlassen von so vielem, das mich hindert, festhält. Wenn

ich loslasse, wandere ich ohne schweres Gepäck –
meinen Vorgefühlen entgegen. Und wie Martin
Walser schreibt: *Dem Gehenden schiebt sich der Weg
unter die Füße.*

Der Blick zum Horizont

Lorenz Marti

Der Werde-Gang des Menschen ist außergewöhnlich. Mit jedem Schritt die Balance zu finden scheint so selbstverständlich und ist es in Wirklichkeit überhaupt nicht. Hirntechnisch ist dieses permanente Ausloten des Gleichgewichts äußerst anspruchsvoll und kompliziert. Kein Roboter schafft so etwas. Selbst die raffinierteste Maschine kann höchstens ein paar vorprogrammierte, plumpe Schritte tun. Dass Menschen überhaupt stehen und gehen können, ist erstaunlich – ein eigentliches Meisterwerk der Natur.

Als Aufgerichteter gewinnt der Homo sapiens Umsicht und Weitsicht, Vorsicht und Nachsicht, Aussicht und Einsicht. Addiert man diese Sichtweisen zusammen, erhält eine Person ihr einzigartiges, unverwechselbares *Gesicht*: Dieses Wort bedeutet im Mittelhochdeutschen ursprünglich »Erscheinung«, »Anblick«. Das Gesicht ist ein Lesebuch des Lebens.

Mit dem aufrechten Gang verändert sich die Wahrnehmung. Das Auge wird zum dominanten Sinnesorgan. Ein Ereignis ist ein *Eräugnis*, sagt die Sprachforschung. Der Blick bleibt nicht mehr auf den Boden fixiert, er erfasst nun auch die nähere und weitere Umgebung. Und manchmal schweift er in die Ferne.

Die Nahsicht wird ergänzt durch die Fernsicht. Sie ermöglicht es, Dinge vorauszusehen und Zusammenhänge zu erkennen. Aus den Bildern, die dabei im Kopf entstehen, entwickelt sich allmählich eine Welt-Anschauung.

Der Blick wandert bis zu jener schmalen Linie, wo Himmel und Erde zusammentreffen: dem Horizont. Dieses Wort kommt aus dem Griechischen und heißt übersetzt: der Grenzkreis.

Der Horizont setzt eine Grenze. Was sich davor befindet, ist mehr oder weniger deutlich zu erkennen. Was sich dahinter versteckt, lässt sich vielleicht erahnen, aber nie mit Sicherheit sagen. Dafür müssen wir zu dieser Grenzlinie gelangen. Wenn wir sie erreicht haben, eröffnet sich wiederum eine Ferne mit einer neuen Horizontlinie, einem neuen begrenzenden Kreis.

Der Horizont wandert mit jenen, die auf ihn zugehen. Wenn ihm jemand nahekommt, weicht er zurück. Die Grenze, die er darstellt, ist immer vorläufig, immer in Bewegung. Er bleibt ein dauerndes Undsoweiter. Er ist dort, solange wir hier sind. Wenn wir aber dorthin gehen, wird das Dort zum Hier, und er grüßt abermals aus der Ferne.

Der Horizont ist nie hier, sondern immer dort. Er bleibt ein ewiger Ort der Sehnsucht, ein stilles Versprechen, dass es mehr gibt, als ein Mensch hier und jetzt wahrzunehmen vermag. »In der weit entfernten Linie am Horizont erblickt der Mensch etwas, das so schön ist wie seine eigene Natur«, schreibt der Naturphilosoph Ralph Waldo Emerson.

Das Auge verlangt nach jener fernsten Grenze, von der aus sich Welt und Leben ordnen. Emerson erfährt beim Anblick des Horizonts eine tiefe Verbundenheit mit allem. Die vielen kleinen und größeren

Sorgen sind dann nicht mehr so wichtig, das eigene Ich wird auf eine wohltuende Weise relativiert: »Ich werde zu einem durchsichtigen Augapfel; ich bin nichts; ich sehe alles.«

Sehen können! Darauf kommt es an. Die meisten können es nicht, befürchtet Emerson. Sie begnügen sich mit der Oberfläche. Aber die Welt ist mehr. Sie besteht nicht nur aus dem, was direkt vor Augen liegt, sondern auch aus dem, was dahinter verborgen ist. Das sichtbare Diesseits wird nur durch eine feine, bewegliche Linie vom unsichtbaren Jenseits getrennt. Und beides gehört zusammen, weil die Welt ein Ganzes ist.

Das ist die Sehnsucht

Rainer Maria Rilke

Das ist die Sehnsucht: wohnen im Gewoge
und keine Heimat haben in der Zeit.
Und das sind Wünsche: leise Dialoge
täglicher Stunden mit der Ewigkeit.

Und das ist Leben. Bis aus einem Gestern
die einsamste von allen Stunden steigt,
die, anders lächelnd als die andern Schwestern,
dem Ewigen entgegenschweigt.

»Wir ziehen durch sie hin ...«

Von der Zeit und der Kraft des Augenblicks

Die Zeit geht nicht, sie stehet still
Wir ziehen durch sie hin;
Sie ist ein Karawanserei,
Wir sind die Pilger drin.

Gottfried Keller

Der richtige Zeitpunkt

Wolfgang Öxler

Ein Zeitraum ist zum Beispiel der Abstand zwischen Morgen und Abend oder die Spanne zwischen der Wiege und dem Grab.

Die Griechen hatten zwei Worte für Zeit. Das ist zum einen »Chronos«, der Ur-Gott, der seine Kinder auffraß. Er ist ein Bild für die Zeit, die uns aufzufressen droht. Der andere altgriechische Gott »Kairos« wird dargestellt mit einer Haarlocke, die ihm in die Stirn fällt. Sie weist uns darauf hin, die Gelegenheit beim Schopf zu packen, sonst ist der günstige Augenblick vorüber, entsprechend ist Kairos' Hinterkopf kahl.

Wer nicht Nein sagen kann und vieles gleichzeitig angehen will, dessen Zeiträume geraten durcheinander. Parolen wie »Beeil dich«, »es muss perfekt sein« und das Bemühen, es allen recht machen zu wollen, bauen einen inneren Druck auf und lassen uns schwerlich zur Ruhe kommen. So viele angeblich zeitsparende Apparate wie in unserer Epoche gab es noch nie. Wir müssten Zeit haben im Überfluss. Haben wir aber nicht. Erfindungen wie Computer und Smartphones, welche uns angeblich das Leben erleichtern sollen, entpuppen sich als wahre Zeitdiebe. Das Gebot der Stunde lautet nicht mehr nur: »Mach schnell«, sondern: »Sei flexibel und mach möglichst vieles gleichzeitig!«

Wir können, wie die Palliativmedizinerin Cicely Saunders sagte, dem Leben nicht mehr Tage geben, aber den Tagen mehr Leben. Erfüllte Zeit heißt aber nicht unbedingt gefüllte Zeit. Erfüllte Zeit ist vielmehr jene, in der wir ganz im Augenblick leben und ganz gegenwärtig sind. Dort, wo Gott genügend Zeit und Raum in meinem Leben bekommt, da bin ich nicht mehr Sklave meines Terminkalenders.

Vieles in unserem Leben ist abhängig von unserer inneren Einstellung. Diese beeinflusst unser Denken und Handeln. Sie verhilft uns auch zu einem guten Umgang mit uns selbst und stärkt unsere Resilienz. Es gibt eine Haltung, die mir Freiheit gewährt und Zeit schenkt. Das geschieht auch da, wo ich etwas unvollkommen sein lassen, Schwäche zeigen und mir helfen lassen kann. Unsere Lebenszeit ist ein kostbares Geschenk, ist Gabe und Aufgabe, die ich dankbar annehmen und weiterschenken mag.

Papst Johannes XXIII. wird der Satz zugeschrieben: »Ich werde mich heute vor zwei Übeln hüten: vor der Hetze und vor der Unentschlossenheit.« Also vor dem Getriebensein und vor dem Trödeln sollten wir uns gleichermaßen in Acht nehmen. Den Tagesablauf immer wieder zu unterbrechen und die Stunden zu gliedern, war auch das Geheimrezept des heiligen Benedikt.

Die Feldblume

Arthur Schopenhauer

Ich fand eine Feldblume, bewunderte ihre Schönheit, ihre Vollendung in allen Teilen und rief aus: »Aber alles dieses, in ihr und Tausenden ihresgleichen, prangt und verblüht, von niemandem betrachtet, ja oft von keinem Auge auch nur gesehn.« – Sie aber antwortete: »Du Tor! Meinst du, ich blühe, um gesehn zu werden? Meiner und nicht der anderen wegen blühe ich, blühe, weil's mir gefällt: darin, dass ich blühe und bin, besteht meine Freude und meine Lust.«

Muße leben

Rudolf Walter

Muße zu leben heißt: einzusehen, dass meine Zeit mein Leben ist. Wenn wir uns Räume des Zweckfreien lassen, dann tun wir uns selber etwas Gutes, seelisch und körperlich. Das ist weder aufwendig noch kostspielig. Wie? Der Phantasie sind keine Grenzen gesetzt, je nach der Veranlagung des Einzelnen und der Lebenssituation: Musizieren, Spielen, Meditieren. Das Gespräch mit Freunden. Bewusstes Erleben von Intimität. Gemütliches Kochen und genussreiches Essen. Das ungestörte Eintauchen in Geschichten, das Entziffern eines Gedichts. Eigenhändig etwas gestalten. Oder einfach Stillsein. Ausloten eigener Gefühle und Gedanken. Abschalten – ganz konkret auch Computer und Handy. Und auch das geht: Kürzlich erzählte jemand von seiner Mutter, die beim Abspülen in der Küche meistens sang. Das brachte sie offensichtlich in Berührung mit der inneren Freude, stimmte sie und ihre Umgebung trotz eines anstrengenden Alltags heiter. Die Arbeit nicht zu schwer werden oder alles sein lassen, darum geht es.

Ein besonderer Aspekt ist dann der Ruhestand – biografischer Übergang von der Lebensarbeitszeit in die Zeit danach. Da gilt es einerseits: Schluss zu machen, Neues anzufangen und doch nicht in erneut hektische, nur etwas andere Aktivitäten zu verfallen und die Freizeit zuzukleistern; und zum anderen: die eigene Zeit im Hier und Jetzt als Freiheit intensiver zu erleben, neue Zugehörigkeiten jenseits der Arbeitswelt zu suchen. Also Dinge zu tun, die Sinn machen, Bedeutung haben und Verbundenheit erleben lassen – ohne neues Pflichtenheft.

Schöpferische Arbeit und kreatives Nichtstun, Aktivität, Ruhen und Seinlassen: Das hat sein himmlisches Gegenbild. In der Bibel wird Gott schließlich als aktiv, als kreativ, als Schöpfer beschrieben, der positiv zu seinem Werk steht: »Es war sehr gut!« Gott ist einer, der selber ausruht und der auch den Menschen den Sabbat als Lebensziel setzt.

Im rabbinischen Judentum gibt es die folgende Auslegung: »Sechs Tage sollst du arbeiten und all dein Werk verrichten.« Wie kann der Mensch all sein Werk in nur sechs Tagen schaffen?, wurde gefragt: Und die Antwort: Das kann er natürlich nicht. Das bedeutet hier nur: »Ruhe, als ob dein Werk bereits getan wäre!«

Mit dem gleichen Gefühl darf man loslassen: als ob alles bereits getan wäre, was zu tun ist.

Dazu eine alte Zen-Geschichte: Als der eben angekommene Schüler den Meister zum ersten Mal bei seiner Zen-Übung sah, fragt er ihn: »Was machst du da?«

Der Meister erwiderte: »Gar nichts.« Der Schüler sagte: »Du sitzt also nur faul da?«

Der Meister: »Wenn ich faul dasäße, würde ich ja etwas tun!«

Der Schüler, verständnislos: »Hast du nicht gesagt, du würdest nichts tun? Was also tust du nicht?«

Der Meister: »Das wissen nicht einmal die Götter!«

Die Kunst des Lebens

Georg Christoph Lichtenberg

Jeden Augenblick des Lebens, er falle, aus welcher Hand des Schicksals er wolle uns zu, den günstigen, so wie den ungünstigen, zum bestmöglichen zu machen, darin besteht die Kunst des Lebens, und das eigentliche Vorrecht eines vernünftigen Wesens.

Zeit, sich am Leben zu freuen

Thomas Frings

Im ersten Lebensdrittel haben viele gerne Sätze über den Sinn des Lebens am Kühlschrank oder über dem Schreibtisch hängen wie: *Niemand wird dir deine Träume erfüllen, du musst es schon selber machen* oder *Große Dinge beginnen klitzeklein* oder *Wann hast du das letzte Mal etwas zum ersten Mal gemacht?* oder *Leben ist das, was passiert, während du Pläne machst,* um irgendwann zu erkennen, dass sie wahr sind, wir von ihnen aber weder ein Brot kaufen noch die Miete bezahlen können – es sei denn, wir haben diese Karten produziert. Ich mag Spruchkarten und bleibe regelmäßig in den Geschäften dabei stehen. Den Wahrheitsgehalt der tiefsinnigen habe ich inzwischen selbst erfahren, weshalb ich mit fortschreitendem Alter die witzigen interessanter finde. Ein Satz meiner Großmutter, der sich durchgetragen und bewahrheitet hat, den ich aber noch nie auf einer Spruchkarte entdeckt habe, lautete: »Es ist nichts schwerer zu ertragen als eine Reihe guter Tage.« Dahinter steht die Lebenserfahrung, dass der Wechsel von vielen Werktagen und wenigen Feiertagen dem Empfinden der Menschen sehr entgegenkommt. Den Feiertagen ihren Reiz abzugewinnen, das ist leicht. Doch was machen wir mit der viel größeren Menge an Alltagen?

Es ist gut, sein Leben zu planen, doch wenn man ganz im Planen und Arbeiten aufgeht und die beglückenden Momente und Dinge nur in den Ferien erlebt oder auf die Zeit nach der Berufstätigkeit verschiebt, das ist riskant. Wenn so jemand dann kurz nach Erreichen der Rente stirbt, hört man von den Hinterbliebenen den tragischen Satz: »Jetzt wollte er doch noch so viele Sachen endlich machen.«

Mich haben die kleinen Freuden des Alltags das Leben nicht nur genießen, sondern in manchen Momenten auch bewältigen lassen. Meine Friseurin Martina begrüße ich immer mit der Bemerkung, dass ich einen Kurzurlaub bei ihr gebucht habe, denn ich genieße meinen Besuch von der ersten bis zur letzten Minute. Man darf das für oberflächlich halten, doch ist es nicht auch eine Gabe, sich an den kleinen und bisweilen nebensächlichen Dingen des Lebens zu erfreuen? Ich habe eine ganze Menge von solchen kleinen Dingen, an denen ich mich erfreuen kann: morgens der erste Kaffee, dazu die Zeitung, keine Musik und kein Gespräch – im Sommer das Spaghettieis – der Geruch, der mir aus dem Wein- oder Whiskyglas entgegenkommt – der Blick in den Schrank, nachdem ich alle Hemden gebügelt habe – der Duft von gemähtem Gras – das frisch bezogene Bett am Abend – tiefes Luftholen, nicht nur am Meer – und die Aufzählung könnte lang und länger werden. Was für ein Glück, sich freuen zu können, und wem das zu oberflächlich oder banal ist, der finde für sich etwas Größeres. Hauptsache, er findet etwas.

Im Vorgespräch zur Silberhochzeit sagte mir die Frau, sie bekomme noch jede Woche Blumen von ihrem Mann. Als ich dann überrascht und erstaunt fragte, ob man sich nicht auch an den Blumenstrauß am Wochenende gewöhne, da lächelte sie und sagte: »Ich weiß nie, an welchem Tag er mit den Blumen kommt.« Kleine Sachen sind keine Kleinigkeiten.

Der größte Teil des Lebens findet nun einmal in dem statt, was wir Alltag nennen, und das gilt selbst für die gekrönten Häupter und Filmstars. Über deren Leben liegt mehr Glanz und öffentliche Aufmerksamkeit, doch auch daran gewöhnt der Mensch sich und es wird irgendwann alltäglich – vermutlich auch bei den Promis. In allen Kulturen gibt es einen natürlichen Wechsel von vielen Arbeits- und wenigen Feiertagen und dieser Rhythmus scheint sinnvoll und gut zu sein für den Menschen, denn »Es ist nichts schwerer zu ertragen als eine Reihe guter Tage«. Jahr für Jahr bewahrheitet sich dieser Spruch, wenn es wieder heißt, dass Familien an den Weihnachtstagen, immerhin drei nacheinander, mehr streiten als an den anderen Tagen.

Ich kann mich noch daran erinnern, dass mein Vater samstags bis 12 Uhr arbeiten musste. Die Gewerkschaften forderten 1956 mit der Aktion »Samstags gehört Vati mir« den arbeitsfreien Samstag. Sukzessive wurde dieser in den verschiedenen Branchen in den kommenden Jahren durchgesetzt. Die Arbeitszeit sank von fast 50 Wochenstunden auf inzwischen unter 40. Die Debatte um die 4-Tage-Woche wird sicher im Interesse der Menschen geführt, deren Berufsalltag mehr belastend denn erfüllend ist. Das konnte ich von meinem nicht sagen. Es gibt Berufe, bei denen sich die Lebensqualität erhöht, wenn sich die Arbeitszeit verringert, sei es an Stunden pro Arbeitstag oder an Arbeitstagen pro Woche. Die gewonnene Freizeit gilt es jedoch auch sinnvoll zu nutzen und nicht jeder freie Tag ist auch schon ein Feiertag.

Vom Tag und von der Nacht

Susanne Niemeyer

Einmal wollten der Tag und die Nacht messen, wer am schönsten von ihnen wäre.

»Ich bin am schönsten«, sagte der Tag, »denn mit mir kann man tausend Sachen machen. Fahrrad fahren, Bücher lesen, Obstsalat essen und durch die Straßen bummeln.«

»Ich bin am schönsten«, hielt die Nacht dagegen, »denn mit mir kann man die Sterne sehen und den Mond dazu.«

»Das ist doch nichts«, widersprach der Tag, »denn mir scheint die Sonne. Wo ich bin, ist es hell.«

»Ich«, entgegnete die Nacht, »berge Geheimnisse, von denen du nicht mal träumen kannst. In meinem Schatten kann man sich küssen.«

Die beiden stritten eine ganze Weile, bis es der Erde zu bunt wurde, dass eine solche Unruhe auf ihr herrschte.

»Schluss jetzt«, rief sie, »wir werden einfach die Menschen entscheiden lassen.« Und sie wählte eine Handvoll Menschen aus, die herausfinden sollten, was schöner ist: der Tag oder die Nacht.

Der Tag begann und er bot alles, was er zu bieten hatte: Die Sonne ließ er scheinen. Das Meer funkelte. Er lud die Menschen zum Baden ein und zum Muschelsuchen. Sie streiften durch den Wald und pflückten Himbeeren. Sie kletterten erst auf einen Baum und dann auf einen Berg. Sie liefen wieder hinunter und warfen sich in eine Wiese, dass die Pusteblumen nur so tanzten. Sie lachten und freuten sich, dass man das Glück mit den Händen greifen konnte.

Dann kam die Nacht. Erschöpft fielen die Menschen in ihre Arme. Der Schlaf umfing sie und sie wiegten sich in ihren Träumen, sanft und geborgen. Der Mond schaute durch ihre Fenster und die Federbetten lagen leicht auf ihrer Haut.

Was sie schöner finden?
Das lässt sich unmöglich herausfinden. Wir wollen sie ja schließlich nicht wecken!

Opas Augen sind zugefallen, während ich erzählt habe. Er muss eingeschlafen sein. Aber das macht nichts, er kannte die Geschichte ja schon. Ich warte noch einen Augenblick. Es ist ganz still, ich will ihn nicht stören. Also stehe ich leise auf. Auf Zehenspitzen gehe ich zur Tür. Als ich sie öffne, sehe ich, dass es draußen schon hell wird. Ich drehe mich noch einmal um und gehe hinaus in den Morgen. Die Linden duften und der Tau ist feucht an meinen Beinen.

Du wolltest leben

Kurt Tucholsky

Du wolltest leben
und kamst nicht dazu.
Du willst leben
und vergisst es vor lauter Geschäftigkeit.
Du willst das spüren, was in dir ist,
und hast eifrig zu tun mit dem, was um dich ist –
Verschüttet ist dein Lebensgefühl.
Wenn du tot bist, wird es dir sehr leid tun.
Noch ist es Zeit –!

»Dann wird es werden wie ein Fest«

Von der Kunst des Feierns

Du musst das Leben nicht verstehen,
dann wird es werden wie ein Fest.
Und lass dir jeden Tag geschehen
so wie ein Kind im Weitergehen
von jedem Wehen
sich viele Blüten schenken lässt.

Rainer Maria Rilke

Der Engel der Gastfreundschaft

Anselm Grün

Gastfreundschaft war den Menschen der Antike heilig. Griechen, Juden und Römer übten in gleicher Weise Gastfreundschaft. Denn im Gast, so glaubten sie, poche Gott selbst an ihre Pforte, um Einlass zu finden. Und Gott würde den Gastgeber mit göttlichen Gaben beschenken. So erzählt es die Sage von Philemon und Baucis, einem alten Ehepaar, das im Fremden Zeus selbst aufgenommen hat. So beschreibt Lukas Jesus, den göttlichen Wanderer, der immer wieder bei den Menschen einkehrt, um sie mit göttlicher Güte und Barmherzigkeit zu beschenken. Die frühen Christen übten Gastfreundschaft. Ohne diese Tugend hätte sich wohl das Christentum kaum in der römischen Welt verbreitet. Der Hebräerbrief mahnt die  lau gewordenen Christen am Ende des 1. Jahrhunderts: »Vergesst die Gastfreundschaft nicht; denn durch sie haben einige, ohne es zu ahnen, Engel beherbergt« (Hebr 13,2). Sowohl in der Bibel als auch in der griechischen und römischen Sagenwelt gibt es zahlreiche Geschichten, in denen Menschen, ohne auf Gewinn zu zielen, Engel beherbergt haben. Ihre Gastfreundschaft brachte ihnen einen Engel ins Haus, ohne dass sie darum wussten. Von diesen Geschichten her gibt es eine enge Verbindung zwischen Gastfreundschaft und den Engeln. Die Menschen, die wir aufnehmen, können für uns zum Engel werden, der uns reichlich belohnt.

Gerade in unserer Zeit, da es so viele Fremde und Heimatlose gibt, Flüchtlinge und Asylanten, ist die Gastfreundschaft ein Gebot der Stunde. Die Gastfreundschaft hält den Fremden heilig. Sie weiß darum, dass der Fremde uns etwas zu sagen hat, dass Gott selbst durch ihn zu uns sprechen kann. So hat es der hl. Benedikt gesehen, der die Gastfreundschaft für seine Mönche gefordert und damit eine Kultur der Gastfreundschaft für das ganze Mittelalter entwickelt hat. Der Abt soll genau hinhören, wenn der Fremde etwas an seiner Gemeinschaft kritisiert. Es könnte ja sein, dass Gott selbst den Fremden geschickt habe, um ihn auf etwas aufmerksam zu machen, was er bisher übersehen hat. Gastfreundschaft ist nie ein einseitiges Schenken. Jeder wird beschenkt, wenn ein Raum eröffnet wird, in dem sich Menschen begegnen können, die bisher einander fremd waren.

In unserer Familie wurde die Gastfreundschaft immer hochgehalten. Mein Vater lud Weihnachten immer ausländische Studenten ein, die in einem Münchner Kolleg wohnten. Für uns Kinder war das immer spannend, wenn da ein junger Mann aus Pakistan oder Indien zu Gast war. Meine Geschwister setzen diese Tradition fort. Und sie haben im Ausland selbst oft großherzige Gastfreundschaft erfahren. So entsteht ein Netz der Liebe zwischen den Völkern, das Vorurteile abbaut und zur Freude aneinander führt. Meine Neffen und Nichten freuen sich daran, den Fremden ihre Familienrituale zu erklären.

Da diskutieren sie dann heiß darüber, warum sie diese Rituale feiern, woraus sie leben und was der Sinn ihres Lebens ist. Und sie hören gut zu, wie die anderen ihr Leben verstehen. So entsteht ein Austausch, der beide Seiten bereichert.

Der Engel der Gastfreundschaft möchte Dir die Angst vor den Fremden nehmen. Und er will Dich befreien von dem Druck, dass Du ein besonders guter Gastgeber sein musst, dass Du andere Gastgeber mit Deinem Kochen oder mit Deinem Hausschmuck übertreffen musst. Du sollst nicht vieles vorsetzen, sondern Dich selbst einbringen, damit Begegnung möglich wird. Dann wirst Du sehen, wie die Gastfreundschaft Dich selber beschenkt. Du wirst erfahren, wie Menschen leben und woraus sie leben. Du wirst dankbar sein für das Leben, das Dir geschenkt wurde, für die Heimat, die Du gefunden hast und die auch für andere zu einem Ort werden kann, in dem sie sich daheim fühlen. Wenn Menschen sich bei Dir geborgen fühlen, wenn sie spüren, dass sie in Deinem Haus ohne Angst sie selbst sein dürfen, dann wirst Du spüren, wie der Engel der Gastfreundschaft Dir viele Engel ins Haus schickt, die Dich beschenken.

Lade ein

Susanne Niemeyer

Mittwoch um zwanzig Uhr sieben. Du hast gerade dein Feierabendgetränk bereitgestellt und das Kissen in Idealposition gebracht. Der Moderator ist dabei, die Topnews des Tages zu verraten, da klopft es an deinen Kopf.

»Schhht«, zischst du, »jetzt nicht!«

Aber es klopft erneut.

»Wir sind es, deine Gehirnzellen. Uns ist langweilig!«

»Dann setzt euch hin und wartet einen Moment. Gleich fängt der Film an!«

»Der ist öde. Das wissen wir so gut wie du. Außerdem hast du ihn 2017 schon gesehen.«

Du fühlst dich ertappt.

»Wir wollen nicht die ganze Zeit berieselt werden. Wir wollen das spannende Leben!«

Entnervt greifst du zur Fernbedienung und schaltest auf stumm.

»Also gut. Was wollt ihr denn?«

»Wir wollen Anregung, wir wollen Spaß, wir wollen Abwechslung und Entdeckungen. Mach was mit uns!«

»Was denn?«

»Lade Freunde ein.«

»Das macht nichts als Arbeit. Und am Ende sitzt man sowieso nur da und redet über die ewig gleichen Themen.«

»Gute Güte«, tuscheln die Zellen durcheinander, »hat er denn überhaupt keine Fantasie?« »Er ist halt nicht in Übung!«

An dich gewandt: »Ihr könnt tausend Sachen machen. Als Kinder habt ihr schließlich auch nicht nur dagesessen und geredet. Wie wär's mit einem Spieleabend? Lade Leute ein und spiel' mit ihnen Stadt-Land-Fluss!«

»Das ist nun wirklich ein Kinderspiel ...«

»Erfindet halt neue Kategorien. Trennungsgründe mit R. Lieblingsplätze mit V. Eissorten mit U. Euch wird schon was einfallen!«

Du gehst im Geist potenzielle Mitspieler durch. Vielleicht gar keine so schlechte Idee.

»Eine Leserunde«, ruft eine andere Zelle. »Ich will eine Leserunde. Jeder bringt was mit und liest vor.«

»Ein ganzes Buch?«

»Nein, kein ganzes Buch, Dummerjahn. Einen Ausschnitt. Das erste Kapitel. Oder einen Zeitungsbericht. Ein Gedicht. Von mir aus auch eine Gebrauchsanweisung, wenn irgendwas an ihr bemerkenswert ist. Aber kein Kluggequatsche, hörst du? Wer mit seinem Bildungskanon angibt, fliegt raus. Und stell' eine Flasche Rotwein dazu. Gleich neben die Heidelbeersandwiches.«

Diese Zelle scheint von der hedonistischen Sorte zu sein. Sympathisches Kerlchen, denkst du und beschließt, mit ihr in Kontakt zu bleiben.

»Eine Kochrunde! Jeweils zwei bereiten einen Gang.«

»Eine Überraschungsrunde! Jeder ist für einen Abend verantwortlich. Was er daraus macht, liegt bei ihm!« »Eine Diskussionsrunde. Wie die alten Salons. Eine bereitet ein Thema vor und dann werden Dinge mal jenseits des Stammtisches diskutiert!« »Eine Kino-Runde! Jeder sucht mal eine DVD aus. Finnische Originale mit englischem Untertitel sind genauso erlaubt wie amerikanische Blockbuster. Und dazu gibt's Hering oder Chips. Je nachdem.«

»Okay, okay«, rufst du. »Ich hab's verstanden. Ich spiele mit.«

Willkommen

Wolfgang Öxler

Nach der Regel des heiligen Benedikt sollen alle, die kommen, aufgenommen werden wie Christus und man soll ihnen die gebührende Ehre erweisen. Gastfreundschaft besteht nicht nur aus gutem Essen, einer heißen Tasse Kaffee, einem kühlen Wein. Es ist die Nähe, das Zuhören, die Aufmerksamkeit des Gastgebers, der einen Ort zur Herberge macht. Gastfreundschaft hat beides im Blick: das Sorgen für das leibliche und die Sorge um das seelische Wohl. Und manchmal ist es besser, an einem ungedeckten Tisch zu sitzen und besprechen zu können, was wirklich wichtig ist, als an Tafeln, die sich vor guten Gaben fast biegen, umgeben zu sein von Menschen, die uns nicht zugewandt sind. Zur leiblichen Speise braucht es eben auch die geistlich-geistige Nahrung. »Gastfreundschaft« heißt, Menschen in unsere Räume einzulassen, die ihrerseits unser Leben und unseren Geist, unser Herz, unsere Arbeit bereichern.

Gastfreundschaft ist aber auch die Weise, wie wir aus uns selber heraustreten. Sie ist der erste Schritt, um die Schranken der Welt zu beseitigen und Vorurteile auszuräumen. Gastfreundschaft ist für mich ein Lebensstil. Denn letztlich kann ich ohne den anderen das Eigene nicht finden.

Jeder ankommende Gast soll wie Christus aufgenommen und geehrt werden. Damit schätze ich den Gast in seiner Einmaligkeit. Ich nehme mich zurück, um ihm Raum zu geben. Meine Gastfreundschaft heißt den anderen in meinen Räumlichkeiten, in meinem Leben willkommen. Und ich werde meinerseits beehrt mit seinem Besuch und der Möglichkeit, Christus zu begegnen.

Die Zisterzienser haben ein wunderschönes Motto, das sie über die Eingangsportale ihrer Klöster geschrieben haben, um deutlich zu machen, wie sie Gastfreundschaft verstehen: »Porta patet, cor magis!« – »Die Tür steht offen, mehr noch mein Herz!«

Ein offenes, ein weites Herz, das Raum bietet für den, der kommt – darum geht es, wenn wir über Gastfreundschaft reden.

Zu biblischen Zeiten war es für Reisende bisweilen lebensrettend, herzlich aufgenommen zu werden. »Vergesst nicht die Gastfreundschaft«, mahnt die Bibel. »Durch sie haben ja manche, ohne es zu merken, Engel beherbergt.« (Hebräer 13,2) Jesus war auch oft zu Gast. Meist hat er sich selbst eingeladen. Denn Jesus hat für sein Leben gern mit seinen Mitmenschen gegessen und getrunken. Er hat Lebensfreude gebracht und mit allen das Leben gefeiert. Wir dürfen auf seine gastfreundliche Verheißung vertrauen: So wird es auch einmal sein im Reich Gottes. Da werden alle miteinander an einem großen Tisch sitzen. Da wird es keinen Streit und keine Standesdünkel mehr geben und alle werden das Leben feiern. Wenn das kein Grund zur Freude ist?

Meine Freunde sind deine Freunde

Teresa Zukic

Ich bin durch und durch verliebt in die Menschen und für mich ist jeder Mensch ein Wunder Gottes, das es zu ehren, achten, hochzuschätzen und zu beschützen gilt. Wie es Antoine de Saint-Exupéry so eindrucksvoll in seiner Erzählung »Der kleine Prinz« ausgedrückt hat: »Du bist zeitlebens für das verantwortlich, was du dir vertraut gemacht hast.«

In den schlimmsten Zeiten meines Lebens konnte ich mich immer auf meine wundervollen Freunde verlassen und seit meiner Erkrankung fühlen sich noch mehr Menschen auf meinen verschiedenen Facebook- und Instagram-Community-Seiten inniger denn je mit mir verbunden. Die meisten haben mich schon mal persönlich in einem Vortrag erlebt oder kennen mich durch meine unzähligen Bücher, meine App, die täglichen Postings oder Videos oder durch meine TV-Auftritte. Natürlich auch durch die Musicals, Kindergottesdienste und Gemeindearbeit.

 So kam es auch, dass ich in meiner Biografie mit dem Titel »Na toll, lieber Gott. Mein verrücktes Leben«, die inzwischen ein Longseller ist und immer wieder erweitert wird, über 400 Namen am Ende verewigt habe, die ich zu besonderen Freunden meines Lebens zähle.

Aber eine allerbeste Freundin oder Freund habe ich dennoch, meine Marial aus Südtirol. Meine besten Freunde sind gute, großartige Menschen, die mich immer lieben, bedingungslos, auch wenn sie um die großen und kleinen Schwächen und Fehler wissen. Sie sagen mir ehrlich die Wahrheit. Ihre Zuneigung ist grenzenlos und ihr Vertrauen und ihre Sympathie zeichnen sie aus. Ich kann mich bei ihnen fallen lassen. Sie bleiben da, treu, auch wenn alles Innere oder Äußere zerbricht. Sie sind offen und ehrlich, und es ist eine faszinierende Anziehungskraft, die ausgetauscht wird, weil Ehrlichkeit Vertrauen heranzieht, das dann durch gemeinsame schöne Erfahrungen und Erinnerungen wächst. Und es ist herrlich zu erleben: Auch wenn man länger räumlich und zeitlich getrennt war, die Liebe zueinander endet nicht.

Dennoch gilt: Je mehr Zeit man in eine Beziehung investiert, desto tiefer wird sie. Laut einer Studie mit gut 350 Teilnehmern müssen Menschen mindestens 140 Stunden zusammen verbringen, um sich als »gute Freunde« zu empfinden, »beste Freundschaften« brauchen mindestens 300 Stunden. Je mehr Zeit wir also mit unseren Freunden beim gemeinsamen Spazierengehen, Kaffeetrinken, Musizieren und Singen oder natürlich Feiern und Essen verbringen, desto inniger wird die Freundschaft. Für andere etwas Schönes vorzubereiten, macht mich unbeschreiblich glücklich und weckt in mir unbändige Lebensfreude. Oft bewundern meine Lieben meine Ausdauer in der Küche, und nicht selten heißt es: »Was du dir für eine Arbeit machst!«, wenn ich raffinierte Gerichte zubereite. Dann schmunzele ich, denn als Arbeit empfinde ich das nie. Ich tüftle gerne, kreiere, entfalte mich, male ein Bild auf den Teller. Das Auge isst bekanntlich mit, oder wie schon

Aristoteles meinte: »Freude an der Arbeit lässt das Werk trefflich geraten.«

Vielleicht ist auch das Kochen für mich inzwischen nicht nur ein Hobby, sondern auch eine Berufung. Sich mit dem zu identifizieren, was man gerne macht, erfüllt mich. Es ist Lust am Leben. Ich bin gut darin, weil es mir etwas bedeutet. Es hat einen tiefen Wert, weil es schließlich Gottes Gaben sind, und in allem sind Seine Gene verborgen. Eben Lebenslust an Seiner Schöpfung. »Beten heißt ganz bei der Sache sein«, meint meine Namenspatronin, die Heilige Teresa von Ávila. Deshalb ist Kochen für mich ein Liebes-Gebet. Und ich merke mir sehr wohl, welche Vorlieben meine Freunde haben, und überrasche sie damit.

Ekstasen der Freude

Martin Werlen

Künstlerinnen und Künstler sind in besonderer Weise dazu berufen, die Nöte und die Freuden der Menschen wahrzunehmen und unsere Augen, Ohren und Herzen dafür zu öffnen. Wie viele Künstlerinnen und Künstler stellen direkt oder indirekt Baustellen dar und bringen sie so ins Gespräch! Sie helfen uns, einen liebevollen Blick darauf zu werfen. Vor allem seit der Gotik hat sich das verändert. Vorher waren vorzüglich das Heile und die Glorie im Vordergrund. Dies lässt sich leicht entdecken im Vergleich der Kreuzesdarstellungen. Waren sie in der Romanik mit kostbaren Edelsteinen geschmückt, hat in der Gotik auch das Leiden seinen Platz. Das war tatsächlich ein

Weg vom Haus voll Glorie zum Lazarett. Ein eindrückliches Beispiel für Letzteres ist der Isenheimer Altar im elsässischen Colmar in einem Haus für schwer Erkrankte. Von dieser Darstellung fühlten sich die Menschen in ihrer eigenen Not angesprochen und aufgenommen.

Der österreichische Künstler Friedrich Hundertwasser (1928–2000) bringt es fertig, langweilige oder sogar fürchterliche Gebäude zum Leben zu erwecken, sodass sie Menschen aufatmen lassen und zum Schmunzeln bringen. Er setzte sich für eine natur- und menschengerechtere Architektur ein. Da ist nicht alles gerade, so wie es immer war. Die Pfarrkirche Bärnbach in der Steiermark ist ein Beispiel für eine Kirche, die mit den Menschen auf dem Weg ist. Entstanden in der eher phantasielosen Nachkriegszeit ist daraus mit der Umgestaltung durch Hundertwasser (1987/88) ein weltbekanntes Zeichen geworden, an dem sich die frommen Geister heute noch scheiden. Eindrücklich ist auch, was der

Künstler aus der Müllverbrennungsanlage Spittelau in Wien entstehen ließ. Sie darf sich – anders als fast alle anderen Müllverbrennungsanlagen – sehen lassen und wird sogar gezielt aufgesucht. Baustellen haben Hundertwasser inspiriert.

Roland Haas (*1958) aus dem Vorarlberger Montafon, der von Kreativität sprudelt, malt faszinierende Baustellen. Die Bilder sind gefragt, gerade weil sie Bilder unseres Lebens sind: faszinierend und erschreckend zugleich. Ich verstehe, warum sich Menschen darum reißen. Wer die Faszination und das Erschrecken der Baustellen jetzt durch die Lektüre ein wenig kennengelernt hat, kann vielleicht die Aufforderung des in Zürich lehrenden Theologen Thorsten Dietz (*1971) verstehen, »die Erotik der Baustelle lieben zu lernen«. Das Unvollendete führt uns nicht vom Leben weg, wie wir meistens meinen, sondern zum Leben hin.

Der deutsche Komiker Karl Valentin (1882–1948) bringt es mit seinem unverwechselbaren Humor auf den Punkt: »Ich freue mich, wenn es regnet, denn wenn ich mich nicht freue, regnet es auch.« Mit seiner 9. Symphonie hat Ludwig van Beethoven (1770–1827) diese tiefe Einsicht zu einem der weltweit bekanntesten Musikstücke gemacht: dem Schlusschor mit der *Ode an die Freude* von Friedrich Schiller (1759–1805). Diese Vertonung ist eine Ekstase der Freude in der schlimmsten Situation für einen Musiker wie Beethoven. Er war bereits völlig ertaubt, als er dieses Werk schrieb. Die Ode der Freude wird mit folgenden Worten eingeleitet: »O Freunde, nicht diese Töne! Sondern lasst uns angenehmere anstimmen und freudenvollere. Freude! Freude!« Ist man sich der Baustelle des Komponisten bewusst, ertönt der Chor in einer noch viel überwältigenderen Dimension. Bei der Uraufführung dieses Werkes am 7. Mai 1824 in Wien saß Beethoven mit dem Rücken zum Publikum und las den Sängerinnen und Sängern die Worte vom Mund ab. Am Schluss brach ein tosender Applaus los. Eine Sängerin nahm den Komponisten am Arm und drehte ihn um, sodass er das Publikum sehen konnte. Als er die begeister-

ten Menschen erblickte, verbeugte er sich dankend.
Tatsächlich können wir auch aus Steinen, die uns –
von wem auch immer – in den Weg gelegt werden,
Großartiges bauen.

»Schläft ein Lied in allen Dingen«

Vom Zauber der Musik

Schläft ein Lied in allen Dingen,
Die da träumen fort und fort,
Und die Welt hebt an zu singen,
Triffst du nur das Zauberwort.

Joseph von Eichendorff

Der Klang des Lebens

Lorenz Marti

Wie hat alles angefangen? Mit Musik, sagt der französische Wissenschaftsphilosoph Michel Serres. Nicht mit einem Urknall, sondern mit einem Urklang. So interpretiert Serres auch den biblischen Schöpfungsbericht: Am Anfang steht das Chaos des Urmeeres, das rhythmisiert und zu Wellenformen geordnet wird. Der Rhythmus der Wellen ist seither überall gegenwärtig: im Ein und Aus des Atems, im Wechsel von Tag und Nacht, in der Abfolge der Jahreszeiten und Lebensphasen. Auf jeder Ebene der Wirklichkeit bildet die Natur Rhythmen.

Alles ist Musik. Sie kanalisiert das Rauschen der Welt. Sie ordnet die Dinge, ohne sie auf einen bestimmten Zustand zu fixieren. Im Unterschied zum Wort, das Serres als »einsaitig« empfindet, trägt die Musik eine Vielzahl von Bedeutungen in sich. »Ich irrte von den menschlichen Sprachen zur Akustik und den vibrierenden Dingen«, bekennt er, »so gelangte ich zum Zauberklang der Dinge selbst.«

Musik ist im Kern Mathematik: Sie besteht aus berechenbaren Schwingungen, deren Frequenzen sich überlagern. Einer der Ersten, die diesen Zusammenhang entdeckt haben, ist Pythagoras. Er hat auch die moderne Physik vorweggenommen, wenn er feststellt: »Ein Fels ist Stein gewordene Musik.« Tatsächlich löst sich alle feste Materie im Innersten in tanzende Partikel und schwingende Felder auf, wie die Quantenphysik heute weiß.

Aber Musik ist mehr als Mathematik: Sie verwandelt Zahlenverhältnisse in Gefühle. Musik ist auch mehr als Physik: Sie übersetzt Luftdruckschwankungen in Empfindungen. Sie lässt Menschen über sich hinauswachsen und verfügt über eine dermaßen starke emotionale Kraft, dass Hildegard von Bingen die Musik als Erinnerung an das verlorene Paradies erlebt.

In sämtlichen Kulturen der Erde machen die Menschen Musik, seit Jahrtausenden schon. Musik ist die älteste Sprache, eine frühe, nonverbale Form der Kommunikation. Auf dem evolutionären Weg spielt sie eine wichtige Rolle, für die Einzelnen ebenso wie für den Zusammenhalt in der Gruppe. Ohne Musik, so vermuten Wissenschaftler, gäbe es den Homo sapiens vielleicht nicht.

Alle Kulturen kennen Wiegenlieder, die überall ähnlich tönen. Kinder brauchen Musik, um sprachliche und soziale Fähigkeiten zu entwickeln. Sie lernen singen, bevor sie sprechen können. Klänge und Töne werden schon früh aufgenommen und formen die stärksten Verbindungsleitungen im Gehirn. Und am Ende des Lebens, wenn Verstand und Gedächtnis verlöschen, ist es wiederum die Musik, welche Sterbende noch zu berühren vermag.

Musik dringt direkt in die Tiefen des Gehirns und öffnet Tore zur Gefühlswelt. Sie bewegt, provoziert, befreit. Sie beeinflusst den Herzschlag, die Atmung und ganz allgemein das körperliche Wohlbefinden. Sie stärkt das Immunsystem, reduziert den Stress und beruhigt die Angst.

Stiftet sie auch Sinn? Michel Serres vermutet es, wenn er sagt: »Das nennt sich Musik, dieses immense Mehr, das die Welt umfließt.« Musik eröffnet tiefe Zusammenhänge und macht spürbar, dass die Welt mehr ist, als sie zu sein scheint: eine Erfahrung, die Menschen ebenso verzaubern wie verwandeln kann. Klänge, Rhythmen und Harmonien wecken ein Vertrauen ins Dasein, das keine weitere Begründung mehr braucht. Trotz des offensichtlichen Unsinns glaube er an einen Sinn des Lebens, bekennt Hermann Hesse in seinem Tagebuch: Dieser Sinn sei spürbar im Gleichnis der Musik.

Musik weckt Leben

Anselm Grün

Beim Hören wunderbarer Musik können wir das Geheimnis spüren, nach dem sich unsere Seele sehnt. Unserer Seele verleiht diese Musik Flügel, um sich dorthin begeben zu können, wo sie wahrhaft zu Hause ist. Musik vermag auch ein Herz, das sich in der Depression oft wie tot fühlt, eingesperrt in die Aussichtslosigkeit und Traurigkeit der dunklen Stimmung, wieder zum Leben zu wecken. Musik bringt das erstarrte Herz zum Klingen und Tönen. Du bist eingeladen, alle deine Gefühle zuzulassen, auch die Gefühle von Traurigkeit und Melancholie. Auch deine depressiven Stimmungen dürfen sein. Du brauchst sie nicht zu bekämpfen. Es nützt dir nichts, dir vorzusagen, dass du eigentlich immer fröhlich sein müsstest. Du bist eben nicht immer fröhlich. Du bist auch manchmal traurig. Und vielleicht bedrückt dich oft auch Depression. Es gibt zwei Wege, mit deiner Trauer und Depression umzugehen. Der erste Weg ist, die Depression auszudrücken. Musik macht die Melancholie hörbar. Und gerade eine traurige Musik vermag das Herz anzurühren. Indem ich mein trauriges Herz spüre, wandelt sich die Trauer. Auch Trauer und Melancholie sind eine Form von Lebendigkeit. Ich fühle mich in meiner Trauer. Der zweite Weg besteht darin, in unsere depressiven Stimmungen die froh machende Musik eindringen zu lassen. Wenn ich gerade meine dunklen Gefühle für die Musik öffne, kann ich mitten in der Traurigkeit die Freude wahrnehmen, die auf dem Grund meines Herzens schon in mir ist. Die Musik weckt sie zum Leben.

Der Ton macht die Musik

Wolfgang Öxler

Wir kennen das Wort Resonanz vor allem aus der Musik. Ein Musikinstrument wie eine Gitarre braucht für ihren Klang einen Resonanzkörper. Auch unser menschlicher Leib ist so ein empfindsames Wunderwerk. Töne können innerlich berühren, ja verwandeln. Wenn mein Ton eine Resonanz auslöst, kann das sogar äußerlich sichtbar sein. Eben dann, wenn eine dumpfe Miene in ein Lächeln übergeht, wenn Augen zu leuchten beginnen oder sich mit Tränen füllen. Der Ton macht die Musik. Interessant ist es, sich zu fragen, welche Töne wir selber anschlagen und was in unserem Tun und Sagen mitschwingt.

Die Klangschale wird hier zum Symbol für unser Leben. Um ihr einen Klang zu entlocken, muss sie leer sein. Genauso wie die Klangschale hat auch jeder Mensch seinen unverwechselbaren und einmaligen Ton. Wenn die Schale unseres menschlichen Daseins mit Stress und Sorgen vollgestopft ist, verstummt jeglicher Klang. Wir müssen unseren Seelenballast entsorgen, damit unser unverwechselbarer Ton wieder klar zu vernehmen ist. In dem Maße, in dem ich offen und vorurteilsfrei bin, in dem Maße wird mein ureigenster Klang zum Tragen kommen.

Wirkliche Begegnung geschieht da, wo die Herzfrequenz stimmt, wo ich mich zu Hause fühle, egal wo ich auch bin. Jeder Mensch braucht das Gefühl, dass er etwas geben kann und dass er etwas zurückbekommt. Dass er gehört wird und selber auch etwas zu sagen hat. Dass eine Wirkung von ihm ausgeht und andere auf ihn zurückwirken. Diese Wechselwirkung, dieses Sich-gegenseitig-Bälle-Zuwerfen macht uns lebendig und froh und es ist, als würden in diesen inneren Räumen neue Melodien entstehen. Resonanz ist wie ein Echo: Ich werde berührt und reagiere darauf.

Christen sprechen auch von einer Wirkung des Heiligen Geistes. In diesem Sinn ist der Heilige Geist nicht eine übernatürliche Kraft, die über uns kommt. Die Kraft des Geistes äußert sich dann darin, dass

sich Menschen, die einander vorher noch nie gesehen haben, aufeinander einschwingen, miteinander
in Resonanz gehen und die heilende Kraft des auf-
merksamen, zugewandten Miteinanders erleben.
Es braucht jemanden, der die Klangschale anschlägt
und zum Klingen bringt. Wo ich im richtigen Ton etwas anstoße, da erfahre ich Resonanz. Wo ich, was
mich im Inneren bewegt, an meine Mitmenschen
weitergebe, da verschenke ich Freude. Wertschät-
zung, aber auch Kritik schlagen die innere Stimm-
gabel unseres Gegenübers an. Glaube, Liebe, Hoffnung – das sind Klänge, die unser Vertrauen stärken.
Seelische Resonanzen bestimmen unsere Klangfar-
be und können unser Herz verwandeln.

Sutrengesang

Ein junger Mönch des Wolkentor-Klosters übte sich mit einer bewundernswerten Ausdauer im Gesang der heiligen Sutren. Wann immer sich ihm die Gelegenheit bot, zog er sich in die Berge zurück, holte tief Luft und stimmte seinen Gesang an. Allerdings war seine Stimme sehr hell und dünn. Und jeder, der ihn hörte und es nicht besser wusste, musste glauben, einem verendenden Tier zu lauschen.

Eines Tages nun befand sich der Abt des Klosters auf einem Gang durch die Berge, da vernahm er den Gesang des jungen Mönchs. Er folgte den Klängen, und als er endlich den eifrigen Sänger ausfindig gemacht hatte, sprach er ihn an:

»Von weitem schon hört man dein Singen. Aber ich will ehrlich sein, sein Klang erfreut das Herz kaum.

Vielmehr hört es sich an wie das Jaulen eines sterbenden Fuchses.«

Der junge Mönch folgte aufmerksam den Worten. Doch anstatt ob des Tadels in Kümmernis zu verfallen, antwortete er: »Wenn mein Gesang wie ein Jaulen klingt, wie klingt dann Eurer?«

Der Abt war so verblüfft, dass es ihm die Sprache verschlug.

»Wenn Euer Gesang also so klingt«, meinte der Mönch, nachdem er einige Augenblicke abgewartet hatte, »dann ist mir mein Jaulen doch lieber.«

Gib einen Euro

Susanne Niemeyer

Das ist eine wahre Geschichte: Eine Großstadt und eine Fußgängerzone. Vor der Bäckerei sitzen Bettler. Sie sitzen immer dort. Manchmal bieten sie ein paar Bücher zum Verkauf an. Meistens aber fragen sie nach einem Euro. Ihre Kleidung ist löchrig und auch nicht sauber. Manchmal wirken sie alkoholisiert. Sie sind oft laut, aber nie unfreundlich. Vor ihnen liegt ein Hut mit Kleingeld.

Einmal kommt ein Straßenmusiker. Er setzt sich ihnen gegenüber auf die Erde und spielt auf seinem

Akkordeon. Auch er legt einen Hut auf die Erde. Die Musik ist fröhlich, sie macht gute Laune. Die norddeutsche Fußgängerzone wird zum Balkan. Der Griff zum Portemonnaie wäre einfach. Aber im Vorbeigehen geht auch die Gelegenheit schnell vorbei. Gute Gründe formieren sich: »Der könnte doch arbeiten.« Stimmt wahrscheinlich. »Es gibt in Deutschland gute Hilfsangebote.« Stimmt auch. »Einem Bettler Geld zu geben verändert nichts.« Ebenfalls richtig. »Die kaufen sich doch nur Alkohol davon.« Gut möglich. »Man kann schließlich nicht jedem was geben.« Eher nicht.

Und trotzdem. Trotzdem wäre es möglich, DIESEM etwas zu geben. Dem Musiker oder dem Bettler. Ohne jede Begründung und ohne jede Rechtfertigung. Einfach, weil er darum bittet. Einfach, weil er es offenbar weniger gut getroffen hat als du selbst. Weil er es nicht geschafft hat, ein Wohnzimmer mit Sofa, ein Tageszeitungsabonnement und einen Feierabend zu haben. Gut möglich, dass er selbst dafür verantwortlich ist. Vielleicht ist er faul. Vielleicht

war er schon mal kriminell. Vielleicht nimmt er Drogen. Genauso möglich ist, dass er anders als du aus einer gewalttätigen Familie kommt, dass seine Eltern Alkoholiker waren. Ebenso ist es möglich, dass ihn eine Krankheit oder eine Trennung aus der Bahn geworfen hat, dass er arbeitslos wurde und Schulden nicht bezahlen konnte, dass er in einem Heim aufgewachsen ist, sich nicht konzentrieren kann oder es einfach nicht gelernt hat, etwas durchzuhalten.

Nichts davon weißt du, und selbst wenn du nachfragen würdest: Welche Schlüsse ließen sich daraus ziehen?

Wie viel von deinem eigenen Reichtum beruht nicht genauso auf Zufall, weil deine Eltern ausreichend Geld hatten, du eine gute Schulbildung hattest, eine schnelle Auffassungsgabe, gute Freunde, keine Krankheiten. Du hast wahrscheinlich eine Menge geschenkt bekommen.

Wie wäre es also, einfach einen Euro zu geben. Du wirst damit nicht die Verhältnisse ändern, nicht die

Gesamtarmut und nicht die Welt. Aber diesen Moment.

Das geht auch mit einem Brötchen oder einem Kaffee oder einem Schal und vielleicht sogar mit einem Lächeln. Möglicherweise aber kann ein Geldstück freigiebiger sein. Weil es signalisiert, du gibst ohne Bedingung. Was der andere daraus macht, liegt bei ihm. (Das ist übrigens von Gott abgeguckt.)

Es ist ein handfester Euro und zugleich ein Zeichen: Dass es dir nicht egal ist, dass da einer auf der Straße sitzt. Dass Freundlichkeit keine Rechtfertigung braucht. Dass der, der dort sitzt, dennoch dazugehört.

Die wahre Geschichte endet so: Der Bettler hört eine Weile der Musik zu. Dann steht er auf, greift in seine Mütze, nimmt ein paar Münzen heraus und legt sie lächelnd dem Musiker in den Hut.

»Ich lieb ein
pulsierendes Leben«

*Vom Glück
der Lebenslust*

Ich lieb ein pulsierendes Leben,
das prickelt und schwellet und quillt,
ein ewiges Senken und Heben,
ein Sehnen, das niemals sich stillt.

Rainer Maria Rilke

Der Engel der Lebenslust

Anselm Grün

Der Engel der Lebenslust will uns einweisen in die Kunst des wirklichen Lebens. Lust am Leben, das kann heißen, dass ich ganz im Augenblick bin, dass ich durch einen herbstlichen Wald wandere und mit allen Sinnen wahrnehme, was sich mir da anbietet. Ich schaue dem Spiel des Lichtes zu, wie die Sonne durch den Laubwald hindurchscheint und die grünen und bunten Blätter in farbigem Licht aufleuchten lässt. Ich lasse die milden Sonnenstrahlen in meine Haut dringen. Ich rieche den Geruch des Waldes, der alle Augenblicke wechselt. Da habe ich Lust am Leben, da koste ich den Geschmack des Lebens. Der Engel, der mit mir geht, weist mich hin auf die Schönheit der Natur. Er führt mich ein in die Kunst, alles andere zu vergessen und nur im Augenblick zu sein, nur wahrzunehmen, was ist. Das ist intensives Leben. Da schmeckt das Leben.

Der Engel der Lebenslust befreit mich von meinen Hemmungen, wenn ich ein Fest feiere. Er erlaubt mir, mich frei von allen Berechnungen auf die Feier einzulassen. Für den einen besteht die höchste Lebenslust darin, ausgiebig zu tanzen, für den anderen darin, die liebevoll zubereiteten Speisen zu genießen, sich Zeit zu lassen für das Mahl, für die Gespräche, für das Miteinander. Ein anderer kann sich loslassen, wenn er musiziert. Ein anderer geht darin auf, die ganze Festgesellschaft zum Spielen zu bringen. Wenn wir manche Feste anschauen, wie sie heute bei Hochzeiten, Geburtstagen und Jubiläen gefeiert werden, da wünscht man der Festversammlung den Engel der Lebenslust. Manche verwechseln Lebenslust mit möglichst hohem Aufwand. Doch mit Geld allein lässt sich nicht die Freude am Feiern erkaufen. Da braucht es innere Bedingungen: die Bedingung, sich freuen zu können an der Phantasie des Gastgebers, an den Menschen, die mit mir feiern, an der Schönheit des Festsaals und am Geschmack der Speisen. Manche Feste wirken steif. Da versuchen alle, sich in eine künstliche Freude hineinzusteigern. Doch es fehlt die Lebendigkeit, es fehlt die Lust am Leben.

Der Engel der Lebenslust möchte mich nicht nur an Sonn- und Feiertagen einführen in die Freude am Leben. Er beginnt schon am Morgen damit, mir die Augen zu öffnen für das Geheimnis dieses Tages, für die kleinen Freuden, die für mich bereitliegen, für die frische Luft, die durch das offene Fenster einströmt, für meinen Leib beim Duschen, für das frische Brot beim Frühstück, für die Begegnung mit den Menschen, mit denen ich heute zu tun habe. Der Engel der Lebenslust nimmt mich an die Hand und zeigt mir, dass das Leben in sich schön ist. Es ist schön, gesund zu sein, seinen Leib zu bewegen. Es macht Spaß, frei durchzuatmen. Und es ist eine Freude, die täglichen Überraschungen des Lebens bewusst wahrzunehmen. Wer aber mit Unlust durch den Tag geht, lässt sich sogar durch einen wunderbaren Sonnenaufgang nicht von seiner verdrießlichen Stimmung befreien. Selbst ein Fest wird ihm dann nicht wirkliche Lust am Leben schenken. Ich wünsche Dir, dass Dich der Engel der Lebenslust in die Kunst einführt, das Leben in vollen Zügen zu genießen, ganz im Augenblick zu sein, intensiv zu leben und Dich an allem zu freuen, was Dir Tag für Tag geschenkt wird.

Ich mag Gänseblümchen

Andrea Schwarz

Vor einigen Tagen kam ein Mitarbeiter auf mich zu, der bei uns im Büro verantwortlich dafür ist, dass aus vielen einzelnen Beiträgen verschiedener Autoren eine Zeitschrift für Jugendliche wird, die auch noch lesenswert sein soll. Die neueste Ausgabe hatte das Thema »Zärtlichkeit« und ich hatte ein paar Artikel beigesteuert. »Hast du 'nen Moment Zeit?«, fragte er. »Ja, was ist denn los?« – »Hör mal, es geht um deine Artikel für das ›Zärtlichkeits-Heft‹. Weißt du, Gänseblümchen, recht und schön, aber in den drei Artikeln von dir kommen sie allein viermal vor. Ich kann's echt fast nicht mehr sehen.«

Ehrlich, viermal? War mir gar nicht aufgefallen ...

Aber es stimmt schon, die Gänseblümchen sind bei mir drin und stehlen sich immer wieder hinaus. Sei es, dass ich sie als Beispiele anführe, eines mühsam hinter meine Unterschrift krakle oder einem Freund ein getrocknetes einfach in den Briefumschlag mit dazulege. Ich habe sozusagen die Gänseblümchenkrankheit ... (Und es gibt Menschen, die hab ich sogar schon damit angesteckt!) Mir sind die Gänseblümchen als Symbol wichtig geworden. Sie bedeuten mir viel: das Leben, das sich im schäbigsten Rasen, auf schlechtestem Boden mitten in der Stadt durchkämpft, das unvermutet im gepflegten englischen Rasen auftaucht; es ist für mich ein Zeichen für die kleinen, unscheinbaren Alltäglichkeiten, an denen wir, von den scheinbar »großen« Dingen unseres Lebens gefangen, einfach vorbeilaufen. Sie sagen mir, dass jedes Gänseblümchen ein Wunder der Schöpfung Gottes ist, dass Gottes Größe sich winzig klein macht, Gott auch das Kleine, Unscheinbare liebt.

Gänseblümchen sind unaufdringlich und zärtlich. Sie stellen sich mir nicht in den Weg, sondern ich muss schon ein wenig die Augen aufhalten, mich auch einmal bücken. Sie passen in keine aufwendige Cellophan-Verpackung des Blumengeschäftes, sondern viel besser in eine kleine, dreckige Kinderhand.

Gänseblümchen in meinem Alltag – eine Ansichtskarte inmitten der Dienstpost, ein Freund, das Anlächeln eines Menschen auf der Straße, der junge Spatz, der vor mir her hüpft, der Autofahrer, der anhält, damit ich endlich abbiegen kann, die ehrlich gemeinte Frage »Wie geht es?«, das verständnisvolle Zuhören, die glitzernden Tautropfen auf der Wiese, der kleine Junge, der Seifenblasen in die große Welt pustet … unscheinbare Kleinigkeiten mitten in meinem Alltag, Gänseblümchen eben!

Also, ich mag solche Gänseblümchen!

Entscheidender Umweg

Georg Christoph Lichtenberg

Um uns ein Glück, das uns gleichgültig scheint, recht fühlbar zu machen, müssen wir immer denken, dass es verloren sei, und dass wir es diesen Augenblick wieder erhielten, es gehört aber etwas Erfahrung in allerlei Leiden dazu, um diese Versuche glücklich anzustellen.

Fitnessraum für die Seele

Wolfgang Öxler

So wie es einen Fitnessraum für den Körper gibt, so können gerade sakrale Räume, Kirchen, ein »Fitnesszentrum für unsere Seele« sein. Es geht um ein kontinuierliches Training, um ein Sich-Üben im täglichen Gebet, um mit Gott, mit mir und den Menschen in guter Verbindung zu bleiben.

Man soll den Tag nicht vor dem Abend loben, sagt ein Sprichwort. Das ist natürlich in vielerlei Hinsicht wahr. Aber wer den Tag vor dem Abend lobt, geht vertrauensvoller durch diesen Tag. Wer lobt, der besitzt die Fähigkeit zu staunen und hat Freude im Herzen. Wo die Seele nicht mehr singt und preist, ist die Freude oftmals verloren gegangen.

Aber warum überhaupt sollten wir Gott loben? Wir brauchen das Lob Gottes, damit wir nicht nur bei uns selbst bleiben. Viele Menschen sind in ihrem Alltag überfordert, durch die digitalen Medien, durch Druck und Stress. Deprimierte und ärgerliche Menschen werden schnell zu Gefangenen ihrer Stimmung. Die Lobpreisung Gottes dagegen zieht uns nach »oben« und verbindet uns mit dem Himmelsraum. »Lobe den Herrn, meine Seele«, heißt es in Psalm 103. Der Betende fordert sich selbst auf, Gott zu loben und zu danken. Jeder Dank ist ein Neuanfang. Wer lobt, denkt größer von Gott. Ein afrikanisches Sprichwort lautet: »Du darfst Gott sagen, wie groß deine Probleme sind, aber danach musst du deinen Problemen sagen, wie groß dein Gott ist.« Heute schon gelobt? Loben tut gut und verändert die Menschen. Das wissen wir aus Erfahrung. Manches Lob können wir noch nach Jahren wörtlich wiederholen, weil wir es gewissermaßen als positiven Wendepunkt in unserem Leben wahrgenommen haben. Wo wenig gelobt wird, wirkt sich das negativ auf das Miteinander aus. Loben und Gelobtwerden haben generell – wie im Besonderen auch das Lob Gottes – eine heilende Wirkung auf die Seele. Lobpreis bringt uns in Berührung mit unserer inneren Freude.

»Sei freundlich zu deinem Leib, damit die Seele Lust hat, darin zu wohnen!«, ist ein bekannter Ausspruch der heiligen Teresa von Ávila. Wenn wir mit dem ganzen Leib beten, dann hat das, was wir sagen, Hand und Fuß. Unser Wesen sehnt sich nach Ganzheitlichkeit. Wir sind und bleiben ein Tempel des Heiligen Geistes – vom Scheitel bis zur Sohle.

Der Leib spricht die Wahrheit und eine Umarmung sagt oft mehr als tausend Worte. »Herr, öffne meine Lippen, damit mein Mund Dein Lob verkünde« – so beginnt in unserem Kloster das erste Gebet am Morgen. Bei diesen Worten bezeichnen die Mönche ihre Lippen mit einem Kreuz – ein Schlüsselsatz, verbunden mit einem sinnlichen Symbol.

Öffne mich, damit das Gute in mir zur Entfaltung kommt. Und gib dem Bösen keinen Raum. So will mich das Kreuzzeichen auf den Lippen auch daran erinnern, meinen Mund geschlossen zu halten, wenn das, was da herausmöchte, nicht gerade »löblich« ist. Ausgestreckte Arme bringen etwas von unserer Sehnsucht zum Ausdruck. Gefaltete Hände bewirken eine innere Sammlung und mit einer Verneigung erkenne ich das Größere in meinem Leben an. Unsere inneren Räume werden weit, wenn wir uns nach etwas Höherem strecken, uns aus- und aufrichten an einem, der uns Hoffnung schenkt und von dem wir uns getragen wissen. »Herr, öffne meine Lippen, damit mein Mund Dein Lob verkünde.« *(nach Psalm 51,17)*

Schreibe ein Glücksbuch

Susanne Niemeyer

Einmal reiste eine Frau ans Ende der Welt. Während sie dort war, ging ihr Mann davon, und sie wusste: Er kommt nicht wieder. Das Wasser war blau und die Sonne gelb, aber das war auf einmal egal. Es ärgerte die Frau, denn schließlich hatte sie viele, viele Euros dafür gespart. So viel hatte sie noch nie für irgendetwas ausgegeben, außer für das Klavier, und darauf spielte sie nicht mehr, weil ihr Mann, der jetzt ihr Ex-Mann war, immer sagte: Spiel doch mal was anderes. Stattdessen war sie mit ihm ans Ende der Welt gefahren und hatte seinetwegen zusammengerechnet nun schon zehntausend Euro in den Sand gesetzt. Und wenn wir schon mal dabei sind, dann kommen noch die Jahre Lebenszeit dazu. Die Frau wusste nicht, was das in Euro macht, aber sie wusste: Es ist zu viel. Alles zusammen ergibt ein geschätztes Minus von fünfzehntausend Euro. Dafür kaufen sich andere ein Auto, aber die Frau hatte jetzt nichts, und ein Auto wollte sie auch nicht, denn das kann auch kaputtgehen und mit Autos kennt sie sich noch weniger aus als mit Beziehungen, weswegen sie dann doch lieber eine Nichtbeziehung als ein Nichtauto nahm.

Solche Dinge dachte die Frau, als sie da am Ende der Welt mit ihrer Nichtbeziehung am Strand saß, und weil ihr das selber verrückt vorkam, beschloss sie, baden zu gehen. Denn das Meer war ja nun mal da.

Es hatte zu regnen begonnen, alle anderen waren zurück in ihre Hotels gelaufen. Aber die Frau wollte auf keinen Fall zurück in das leere Zimmer. Sie lief durch den warmen Regen, und dann stürzte sie sich in die Wellen, die schäumten, und trotz allem war es einen Moment lang sehr schön.

Dann kam die erste Nacht. Die Frau wälzte sich von rechts nach links, und schließlich knipste sie das Licht wieder an, denn der Schlaf schien sie heute sowieso nicht zu finden.

Deshalb griff die Frau zu einem Buch, das eine Art Reisetagebuch werden sollte.

Jetzt schrieb sie an den oberen Rand
das Datum und dazu: »Tag eins. Dinge,
die heute trotzdem schön waren.«

1. Am Meeressaum im warmen Regen gegangen
   und mich für einen Moment lebendig gefühlt und
   frei. Wenigstens das kann ich jetzt tun, ohne zu
   denken, dass T. das ohnehin blöd fände.
2. Das Meer für mich toben gesehen.
3. Zufällig dort, wo nichts zu sein schien außer grau-
   er, abweisender Fels, eine wunderschöne Bucht
   entdeckt.

Am nächsten Tag schrieb sie wieder in das Buch und
wieder und wieder. Auch, als sie längst wieder zu
Hause war, hörte sie nicht auf damit:
»Kleine gelbe Blüten gesehen in einem See aus
Matsch. Sieben Stunden Schlaf, ohne aufzuwachen.
Quitten pflücken und Gelee kochen. Ein Postbeam-
ter, der mir einen Glückscent schenkt. Heiß duschen.
Sonne auf dem Bett. Mich im Schaufenster gesehen

und gemocht. Der Anruf von C. Alte Loriotepisoden geschaut und viel gelacht ...«

Solche Sachen schrieb die Frau auf. Sie waren ihr Anker. Solange es Dinge gibt, die schön sind, so lange macht alles Sinn, dachte die Frau.

Eines Morgens war der Schmerz gegangen, und die Frau hatte ein Buch voller kleiner Glücksbringer. Vielleicht, dachte sie, ist das Gottes Art, zu trösten.

Magie des Lebens

Nina Ruge

Mein Gewächshaus mitten im Olivenhain. Niemand stört mich dort. Hier schreibe ich meine Bücher, organisiere mein Büro. Es ist umsäumt von alten Hortensien, viele Sommerwochen blühen sie in dunklem Rot, in Pink und Blau. Licht rieselt durch die silbrig-grünen Olivenblätter, perlt über die üppigen Blütenkugeln und verrinnt an den ausladenden Hortensienblättern.

Fast immer halte ich inne, bevor ich mein Gewächshaus betrete, um das kleine Pflanzenidyll zu bewundern. Jeden Tag ein anderes Lichtspiel, jeden Tag leuchten die Blütenkugeln in einer neuen Nuance, entdecke ich Knospen. Mal wuseln Eidechsen herum, mal tanzen Schmetterlinge, es summen Bienen, rascheln Vögel im Geäst.

Eine so kleine, so heile Welt. In diesen Momenten kann ich baden. Das stille Wunder der Natur, dazu die Sanftheit der Sonnenstrahlen – eine heitere Feier des Lebens.

Achtlos an einem solchen Juwel vorbeizugehen – wie oft passiert mir das! Wie viele Blühmomente des Lebens lasse ich links liegen!

Also beschließe ich, mich täglich auf die Suche zu machen. Ja, ich übe mich regelrecht im Aufspüren solcher Wunder-Momente. Abends, kurz vor dem Einschlafen, durchwandere ich also den zurückliegenden Tag und suche nach Goldnuggets, nach Blühmomenten, und ich finde immer etwas! Den Augenblick, als mein Patenkind mich glucksend anstrahlte, als der Vollmond am Horizont aufstieg, als mein Hund sich freudig wedelnd im Gras wälzte oder als zwei Schmetterlinge über dem Lavendelstrauch tanzten …

Die Magie solcher Momente macht die Magie des Lebens aus. Wenn ich sie wahrnehme, sprudelt diese Quelle des Glücks auch in mir. Pures Glück!

Wie Goldnuggets sammele ich Glücksmomente und definiere Glück dabei vielleicht durchaus neu. Es ist nicht zwangsläufig unbändig, üppig, fantastisch, flirrend – aber immer überwältigend. Goldnuggets sind klein, sie fallen uns überraschend zu! Es liegt allein an uns, ob wir sie entdecken!

Je öfter ich abends in der Rückschau des Tages auf die Suche gehe, desto seltener laufe ich achtlos an Blühmomenten meines Lebens vorbei.

Probieren Sie es doch auch einmal, vielleicht ist Ihnen ja gerade ein Goldnugget vor die Füße gekugelt!

Anhang

Quellenverzeichnis

Alle Quellentexte sind, wenn nicht anders angegeben, im Verlag Herder, Freiburg im Breisgau, erschienen. © Verlag Herder GmbH, Freiburg im Breisgau

Peter Altenberg, Märchen des Lebens, Berlin 1924

Das Lied der Pfirsichblüte. Die schönsten ZEN-Geschichten, 2019

Joseph von Eichendorff, Werke., Bd. 1, München 1970

Thomas Frings, Endlich alt. Ein spiritueller Reisebegleiter, 2024

Anselm Grün, 50 Engel für das Jahr. Ein Inspirationsbuch, 2022

Anselm Grün, 50 Engel für die Seele. Begegnungen, die beflügeln, 2023

Anselm Grün, Buch der Lebenskunst, 2024

Gottfried Keller, Werke, Bd. 1, Leipzig o. J.

Georg Christoph Lichtenberg, Schriften und Briefe, Bd. 1 u. 2 (Sudelbücher), München 1968

Lorenz Marti, Der innere Kompass. Was uns ausmacht und was wirklich zählt, 2022

Susanne Niemeyer, Soviel du brauchst. Sieben Sachen zum besseren Leben, 2021

Susanne Niemeyer, Wie lange ist ewig? Geschichten vom Trauern, Hoffen, Lieben, 2020

Wolfgang Öxler und Andrea Göppel, Freie Räume für mehr Leben. Der Seele Weite geben, 2022

Rainer Maria Rilke, Sämtliche Werke, Bd. 1 u. 5, Frankfurt am Main, 1975

Anna Ritter, Befreiung. Neue Gedichte, Stuttgart 1900

Nina Ruge, Sonne für die Seele. Meine toskanischen Momente, 2022

Arthur Schopenhauer, Sämtliche Werke, Bd. 5 (Parerga und Paralipomena), Frankfurt am Main 1986

Andrea Schwarz, Ich mag Gänseblümchen, 2020

Kurt Tucholsky, Gesammelte Werke, Bd. 8, Reinbek bei Hamburg 1975

Rudolf Walter, Genießen – was schön ist und guttut, 2024

Beatrice von Weizsäcker, Vaterunser. Gebet meiner Sehnsucht, 2023

Martin Werlen, Baustellen der Hoffnung, Eine Ermutigung, das Leben anzupacken, 2024

Teresa Zukic und Jalid Sehouli, Himmel im Mund. Heilsamer Genuss für mehr Lebensfreude, 2022

Textnachweise

S. 14: Ritter, Befreiung, 102

S. 15: Niemeyer, Soviel du brauchst, 30f

S. 19: Grün, 50 Engel für das Jahr, 24–26

S. 24: Weizsäcker, Vaterunser, 23f

S. 27: Ruge, Sonne für die Seele, 23

S. 30: Marti, Der innere Kompass, 26–28

S. 34: Rilke, Werke, Bd. 1, 145

S. 36: Keller, Werke, Bd. 1, 119

S. 37: Öxler, Freie Räume für mehr Leben, 40f

S. 40: Schopenhauer, Sämtliche Werke, Bd. 5, 762

S. 41: Walter, Genießen, 21–23

S. 44: Lichtenberg, Schriften und Briefe, Bd. 2, 170

S. 45: Frings, Endlich alt, 35–38

S. 50: Niemeyer, Wie lange ist ewig?, 121–123

S. 53: Tucholsky, Gesammelte Werke in zehn Bänden. Band 8, 270

S. 56: Rilke, Werke, Bd. 1, 153

S. 57: Grün, 50 Engel für die Seele, 115–117

S. 62: Niemeyer, Soviel du braucht, 60f

S. 66: Öxler, Freie Räume für mehr Leben, 118f

S. 69: Zukic/Sehouli, Himmel im Mund, 135–137

S. 73: Werlen, Baustellen, 170–172

S. 80: Eichendorff: Werke., Bd. 1, 132

S. 81: Marti, Der innere Kompass, 180–182

S. 85: Grün, Buch der Lebenskunst, 198

S. 87: Öxler, Freie Räume für mehr Leben, 108–111

S. 90: Das Lied der Pfirsichblüte, 50

S. 92: Niemeyer, Soviel du braucht, 113f

S. 98: Rilke, Sämtliche Werke, Bd. 5, 31

S. 99: Grün, 50 Engel für die Seele, 70f

S. 103: Schwarz, Ich mag Gänseblümchen, 135–137

S. 106: Lichtenberg, Schriften und Briefe, Bd. 1, 25

S. 107: Öxler, Freie Räume für mehr Leben, 162–164

S. 111: Niemeyer, Soviel du braucht, 128f

S. 115: Ruge, Sonne für die Seele, 20

Verzeichnis der Autorinnen und Autoren

Joseph von Eichendorff, 1788–1857, war einer der bedeutendsten Vertreter der deutschen Romantik. Sein lyrisches Werk wurde zahlreich vertont.

Thomas Frings, geb. 1960, wurde 1987 zum Priester geweiht. Von 2009 an war er Pfarrer der Heilig-Kreuz-Gemeinde in Münster, seit 2010 Mitglied und seit 2014 Moderator des diözesanen Priesterrats. Durch seine Amtsniederlegung im Frühjahr 2016 wurde er national bekannt, sein Buch »Aus, Amen, Ende?« wurde ein Bestseller. Thomas Frings ist Großneffe des Kölner Erzbischofs Kardinal Joseph Frings. Zuletzt bei Herder: »Endlich alt! Ein spiritueller Reisebegleiter« (2024).

Anselm Grün, geb. 1945, Dr. theol., Benediktiner und Verwalter der Abtei Münsterschwarzach; geistlicher Berater, Begleiter und weltweit populärster christlicher Autor unserer Tage. Seine Bücher zur Spiritualität und Lebenskunst haben Millionenauflagen erreicht. Zuletzt bei Herder u. a.: »Kein Mensch lebt nur für sich allein. Verbundenheit erfahren, das Miteinander stärken« (2023). Im Internet: www.einfach-leben-brief.de

Georg Christoph Lichtenberg, 1742–1799, deutscher Naturforscher und Mathematiker, der v. a. durch seine Aphorismen Berühmtheit erlangte.

Gottfried Keller, 1819–1890, war ein Schweizer Schriftsteller und Politiker. Besonders bekannt wurde er durch seinen Roman »Der grüne Heinrich« und die Novellensammlung »Die Leute von Seldwyla«.

Lorenz Marti, 1952–2020, studierte Geschichte und Politik und war von 1977 bis Ende 2012 Redakteur im Schweizer Radio DRS. Sein besonderes Interesse als Schriftsteller galt der Verbindung von Alltag und Spiritualität, von philosophischen Einsichten und konkreter Lebensweisheit. Marti lebte und arbeitete in Bern. Zuletzt bei Herder: »Der innere Kompass. Was uns ausmacht und was wirklich zählt« (2022).

Susanne Niemeyer, geb. 1972, ist freie Autorin, Kolumnistin und Bloggerin (www.freudenwort.de). Vorher war sie viele Jahre Redakteurin bei »Andere Zeiten«. Auf ihren kreativen Schreibreisen nach Schweden, Mallorca oder in die Alpen sammelt sie neue Ideen und inspiriert andere dazu, eigene Geschichten zu schreiben. Von ihrem Fenster im dritten Stock sieht sie den Hamburger Himmel. Zuletzt bei Herder: »Soviel du brauchst. Sieben Sachen zum besseren Leben« (2021).

Wolfgang Öxler, geb. 1957, ist 1980 in den Benediktinerorden von St. Ottilien eingetreten, seit 1988 Priester und seit 2013 Erzabt von St. Ottilien. Der Leitspruch des Diplomtheologen und Musikers lautet: »Gottesvoll den Menschen nah.« Zuletzt bei Herder zusammen mit Andrea Göppel: »Bleib deiner Sehnsucht auf der Spur. Schatzkarte für die Seele« (2023).

Rainer Maria Rilke, 1875–1926, ist einer der größten deutsch-sprachigen Autoren am Anfang des 20. Jahrhunderts. Bei Herder: »Geschichten vom lieben Gott« (2021).

Anna Ritter, 1865–1921, war eine deutsche Schriftstellerin. Noch heute bekannt ist ihr Gedicht »Vom Christkind«.

Nina Ruge ist studierte Biologin und Journalistin. Sie moderiert regelmäßig Kongresse und Podiumsdiskussionen zu Themen aus Forschung und Wissenschaft. Aus Nachrichtensendungen und erfolgreichen Formaten wie »Leute heute« ist Nina Ruge einem großen Publikum bekannt. Sie ist Autorin mehrerer populärwissenschaftlicher Bücher. Zuletzt bei Herder: »Sonne für die Seele. Meine toskanischen Momente« (2022).

Arthur Schopenhauer, 1788–1860, war ein deutscher Philosoph. Mit seinem Hauptwerk »Die Welt als Wille und Vorstellung« war er ein Wegbereiter des philosophischen Pessimismus.

Andrea Schwarz, geb. 1955, gehört zu den meistgelesenen christlichen Schriftstellerinnen unserer Zeit. Seit vielen Jahren ist die gelernte Industriekauffrau und Sozialpädagogin in der katholischen Gemeindearbeit tätig, zuletzt als Pastorale Mit-arbeiterin der Diözese Osnabrück. Zuletzt bei Herder: »Eigent-lich ist Weihnachten ganz anders. Hoffnungtexte« (2021).

Kurt Tucholsky, 1890–1935, war einer der scharfsinnigsten Beobachter der Weimarer Republik. Als politisch engagierter Journalist erwies er sich als schriftstellerisches Multitalent.

Rudolf Walter, Dr. phil., Dipl. theol., war lange Jahre Cheflektor beim Verlag Herder in Freiburg. Er ist Herausgeber des Monatsbriefs »einfach leben« von Anselm Grün und von zahlreichen Büchern. Zuletzt bei Herder: »Genießen – was schön ist und guttut« (2024).

Beatrice von Weizsäcker, geb. 1958, Dr. jur., ist Juristin und Publizistin. Seit 2003 lebt sie als freie Autorin in München. Sie spricht und schreibt regelmäßig für den Bayerischen Rundfunk und evangelisch.de. Weizsäcker, langjähriges Präsidiumsmitglied des Evangelischen und des Ökumenischen Kirchentags, trat Anfang 2020 zum katholischen Glauben über. Zuletzt bei Herder: »Vaterunser. Gebet meiner Sehnsucht« (2023).

Martin Werlen OSB, geb. 1962, Mönch im Kloster Einsiedeln, er wirkte dort als Novizenmeister und Gymnasiallehrer. Von 2001 bis 2013 war er der 58. Abt des Klosters und Mitglied der Schweizer Bischofskonferenz. Seit August 2020 ist er Propst der zum Kloster gehörenden Propstei St. Gerold in Vorarlberg in Österreich. Zuletzt bei Herder: »Baustellen der Hoffnung. Eine Ermutigung, das Leben anzupacken« (2024).

Schwester Teresa Zukic, geb. 1964, ist Mitbegründerin der »Kleinen Kommunität der Geschwister Jesu« und eine der bekanntesten Ordensschwestern Deutschlands. Sie ist eine gefragte Rednerin und Autorin von Bestsellern wie »Die Seele braucht mehr als Pflaster« (Herder 2017). Als sie 2020 an Krebs erkrankte, entschied sie sich dafür, in den Sozialen Medien offen über die Höhen und Tiefen ihrer Erkrankung zu berichten. Zuletzt bei Herder zusammen mit Eva-Maria Popp: »Vergiss das Schöne nicht! Mit Lebensfreude Krisen meistern« (2023).

Umschlaggestaltung: Verlag Herder

Umschlagmotiv: © Oscar_Ghost/GettyImages

Vignetten im Innenteil: © keiko takamatsu/GettyImages;
    © momomi/GettyImages; © perori oo/GettyImages

Satz: Arnold & Domnick, Leipzig

Herstellung: GGP Media GmbH, Pößneck

Printed in Germany

ISBN 978-3-451-39736-3